明日いいことが必ず起こる

孤独の夜に
寄り添う
117の言葉

しみずたいき

大和書房

はじめに

夕焼けの空と夜の闇が溶け合う黄昏時《たそがれどき》のような、この言葉にできないような感覚は、いったいどこからやってくるのだろう。

現在がどれだけ幸せだったとしても、いつか別れてすべてが想い出になっていく〝切なさ〟をどこかで感じていたり、どれだけ愛し合っていても、ふたりの心は永久にひとつに重ならない〝切なさ〟を深いところでわかっているからかもしれない。

始まりの喜びの数だけ終わりの悲しみがあり、出逢いの数だけサヨナラの涙があることを、人はなぜ忘れてしまうのだろう。

もう二度と後戻りができないこと、巻き戻しのできない時間の流れ、未来には確実な死が待っていることを、忘れたふりして毎日をなんとなく生きている儚《はかな》い私たち。

生きるというのは、終わりゆく切なさをはらんでいる。だから、輝いて見えるのだろう。「ふたりで手をつないで歩いた幸せな瞬間」も、すぐに記憶となり、次第に想い出になってほどけていく。

そういう意味で、「想い出は心の押し花」だと思う。言葉や時間というもので、現実の記憶や感情をプレスして、それが色あせて、乾燥した姿になり果てても、それがひとつの作品になって、物語を紡《つむ》いでいく。

人は、残したい想いや記憶をデコレーションすることで、永遠に生きられない花を永遠に生かそうともがきつづける儚い存在である。ただ、永遠にしたい、ずっと愛したいと願う人の心が美しくもあり、時にそれが時間を超えることもある。だから、ＡＩにコントロールされる時代がやってきたとしても、この世界から詩や芸術作品はなくならないだろう。

いくつもの孤独な夜を、寂しさに押しつぶされそうになりながら、私たちは強さと弱さを覚え、生きることの切なさを知っていく。

大人の常識やルールのようなもので、鍵をかけられ、閉じ込められてきたあなたの感性が、今、再び解き放たれようとしている。

しみずたいき

目次

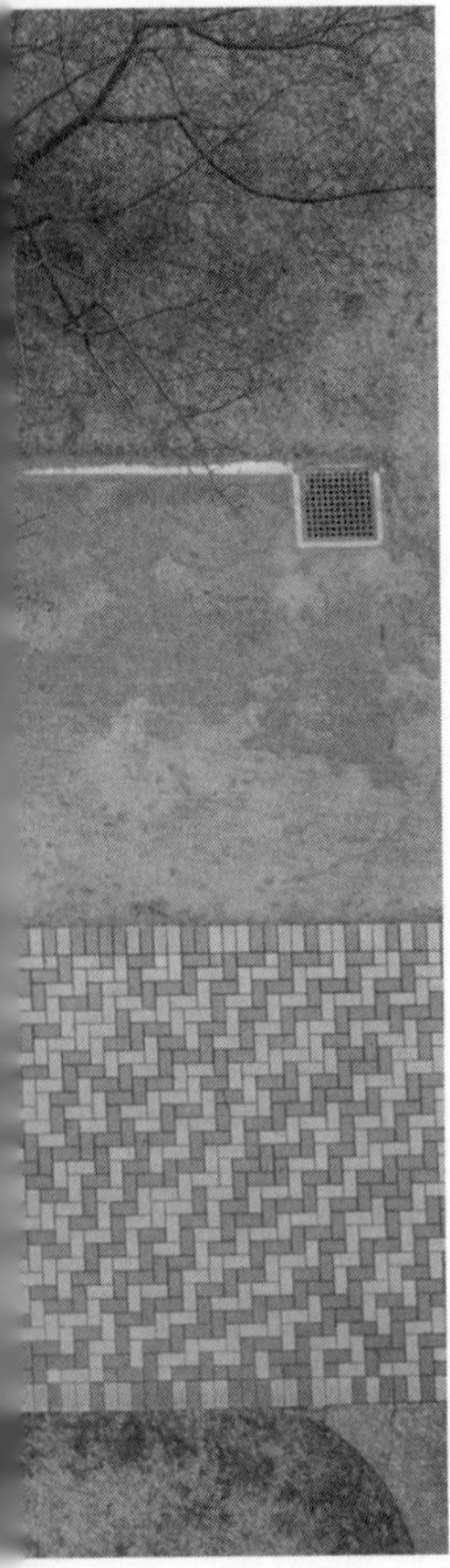

孤独に押しつぶされそうになった日

世界は孤独によって成り立っている、と感じることがある。

ふたつのハートとカラダが触れ合うときの、決してひとつにはなれない孤独。

寂しさを紛らわせるためにSNSを使って人とつながろうとするが、わかり合えないことがわかってしまったときの孤独。

好きな人の目の中に、狼狽《ろうばい》する自分を見つけたときの孤独。自分だけを見つめてほしいがゆえに、やがて嫉妬《しっと》の渦《うず》に巻き込まれて、すべてをリセットしたくなったとき、孤独な夜が私を押しつぶそうとする。

ある人は、孤独を避けるために、別れるべき人と別れられずに相手を憎みつづけている。それは、私たちが自分を幸せにしてくれる外側の何か、誰かという〝対象〟を追いかけているからなのかもしれない。

どうやら、孤独から逃げるために関係性に執着《しゅうちゃく》し、愛を失うまいと自己防衛する人と、**たくさんの人の中にいても、ちゃんと孤独であることを自覚し、孤独の中で自他を知り、愛を知っていく人がいる。**前者は〝孤毒〟な人であり、後者は〝孤独〟な人である。

人は、外側の何かや誰かに逃げずに、徹底的に自分と向かい合ったとき、孤独になる。

そして、孤独とひとつになったとき、無限に可能性が開ける。**孤独は、愛のひとつ手前の駅にある。孤独の裏側にある贈り物を受け取るとき、愛があなたを祝福する。**

孤独は、私たちに平等に与えられている愛への扉なのである。

1

あなたが
ひとりきりでいることが
孤独（毒）なのではありません。

あなたの存在を
気にもとめない人と
一緒にいることが
もっとも孤独（毒）なのです。

2

恋は、どこか寂しさを含んでいて、
出逢いは、サヨナラを含んでいる。
誕生の喜びは、死の悲しみを含んでいて、
愛する人と一緒になることは、すれ違いを含んでいる。

わかり合おうとしてもわかり合えない部分のことを、
この星では、切なさと呼ぶ。

風のように過ぎ去っていったものは、
過ぎ去ったというだけで、
どこか切なく愛しい存在になる。
〝独り〟が切ないのは、独りだからじゃなくて、
愛し愛された想い出があるから。

だから、
想い出とは孤独の別名であり、
孤独と言うにはあまりに切ないから、
人は想い出と言うのだろう。

3

4

いい子を演じるのをやめたほうがいいのは、
嫌われないためではありません。

あなたが本当に好きなことを見つけ、
それをしているあなたを好きな人たちに
出逢うためなのです。

劣等が劣等感を生むのではなく、
劣等感が劣等を生み出す。

5

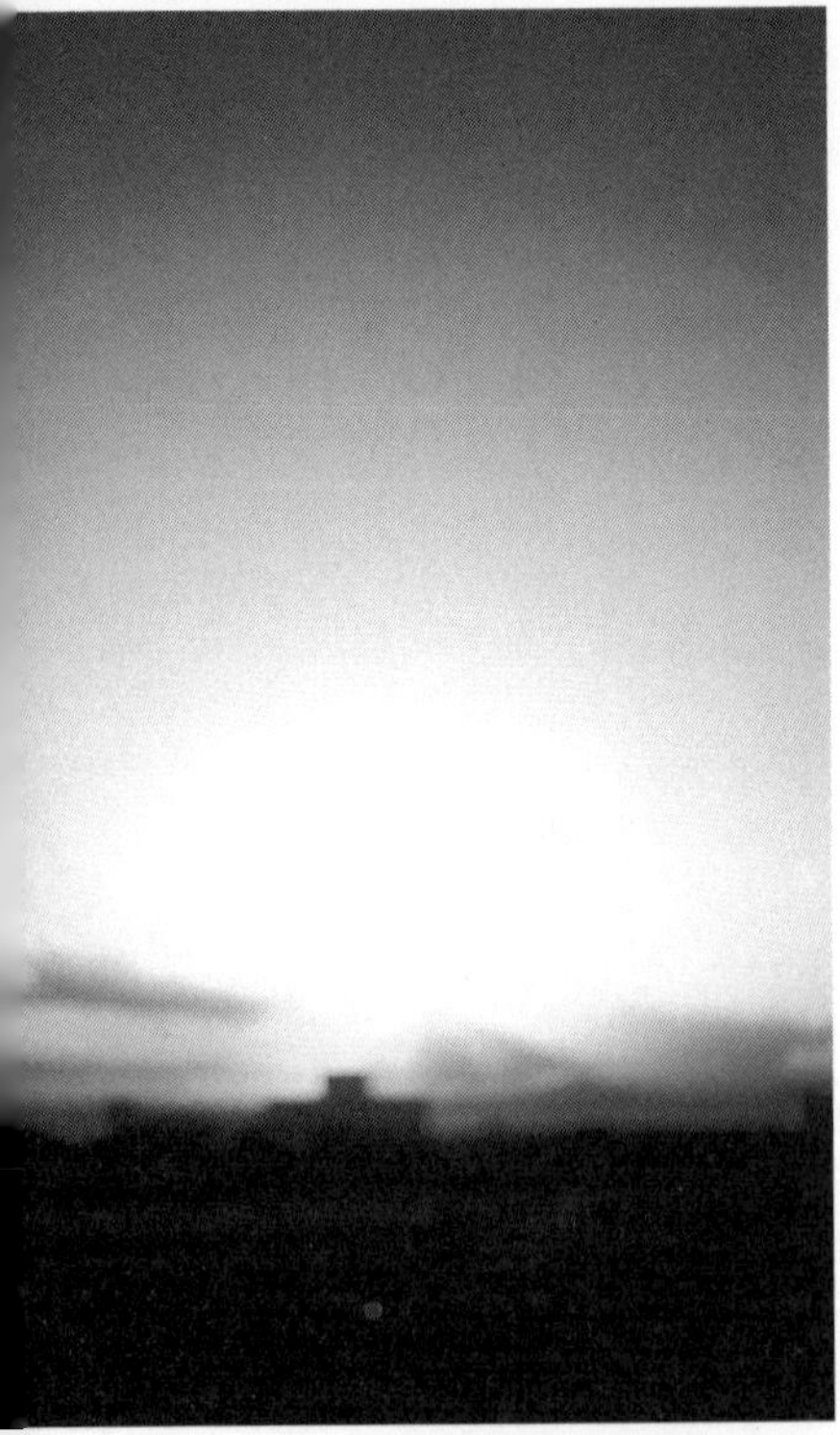

6

これまで
壁だと思っていたものが、
本当は自由への扉だった。

7

憂《うれ》いを温めたら
優しさになった。

苦しさを温めたら
強さになった。

孤独(alone)を抱きしめたら
愛(all one)になった。

どんなことがあっても、
自分を嫌いにならないでください。

8

なぜなら、
あなたは世界にとって
ちっぽけな存在かもしれませんが、
あなたを大切に思う人にとっては、
世界そのものだからです。

自分を変えるのではなく、
自分のものの見方を変えればいい。

9

10

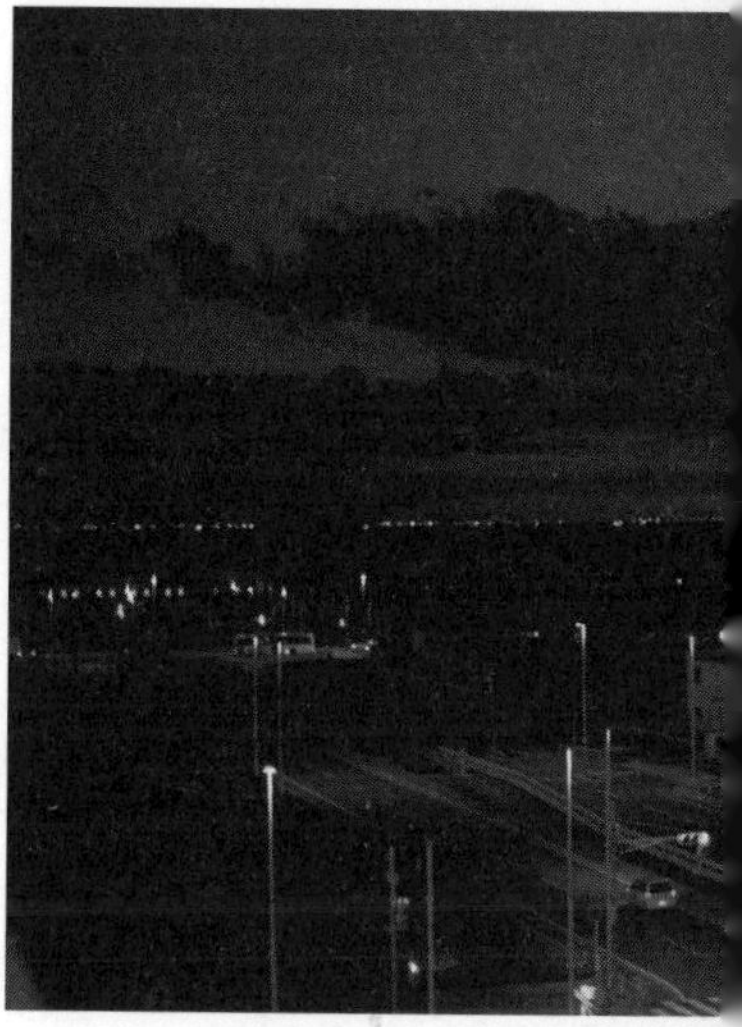

あなたの幸せを考えない人のために
時間を費《つい》やすより、
あなた自身の幸せを
考える時間を持ってください。

自分を見失いそうになった日

自分は何をしたいのかよりも、他人にどう思われるかということを優先していると、自分の本当の気持ちがわからなくなってしまう。だから、自分を見失いそうな日は、自分軸を取り戻す必要がある。

自分を見失っている人、心の病になる人というのは、感情をずっと抑えて、他人の価値観で生きている人である。

私たちは相手（外の世界）を優先することで、内なる自分（インナーチャイルド）を抑圧し、いじめてきたことをまず理解する必要がある。

たとえば、子どもの頃、母親が弟だけをかわいがって、「私はいらない子なんだ」と勘違いしたとする。大人になってそのことをすっかり忘れていたとしても、潜在意識（インチャ）は子どもの頃の記憶を持ちつづけていて、それがケガや病気、人間関係の問題をつくり出しているのだ。

幸せになりたいなら、まず潜在意識を癒《いや》してあげること。その最初のポイントは、内なる自分の声を見つけてあげること。次に3歳くらいの自分を心の中でイメージしながら、これまで傷つけてきたことを子どもの自分に謝る。

「あなた（自分）のことをずっと忘れていてごめんね」

「自分のしたいことをさせてあげられなくてごめんね」

最後に、親や恋人に言ってほしかった愛の言葉を自分にかけてあげる。

「何をしても、何をしていなくても、あなたを愛している」

「何ができても、できなくても、あなたは安全だよ」

内なる自分（潜在意識）に光があたると、問題を引き起こしてあなた（顕在意識）にメッセージを伝える必要がなくなる。あなたを幸せにできるのは、外の世界にいる誰かではなく、顕在意識でもなく、内なる自分なのだ。

11

正解探しをやめて、
今を正解として強く生きるなら、
その道に間違いはない。

相手の悪いところを探す時間を
相手の良いところを探す時間に変えてみる。

悩んでいる時間を
行動する時間に変えてみる。

不幸の数を数える時間を
幸せの数を数える時間に変えてみる。

12

13

「楽な道」を選べば
見える景色はいつも同じ、
「楽しい道」を選べば
見える景色はいつも変わる。

「他人」に期待すれば
イライラするほうへ流され、
「自分」に期待すれば
ワクワクするほうへ導かれる。

「できない」と思えば
限界が形づくられ、
「できる」と思えば
可能性が形づくられる。

「不満」ばかり数えれば
足を引っ張る人になり、
「感謝」ばかり数えれば
手を引っ張る人になる。

14

占いを意識しすぎると
占いにあなたの人生を
支配されるように、

他人（世間）を気にしすぎると
他人（世間）に
あなたの人生をコントロールされる。

目的を意識しすぎると
現在は目的のための手段になって、
あなたは今を見失うことになる。

特別さを求める人は、
特別に見せようとする人にだまされやすい。
完璧さを求める人は、
完璧に見せようとする人にだまされやすい。
劣等感から抜け出せないのは、
自分を人と比較し、
その人のようになろうとするから。

15

自分らしく見せようとするのではなく、
自分らしくいられるように
今の自分に不要なものを手放してあげる。

あとは、今きみのいる場所で、
今きみの持っているものを使って、
今きみのできることをやればいい。

16

自分の弱さを〝話す〟ことは、
自分の弱さを〝放す〟ことにつながり、
心の傷を〝言える〟ことは、
心の傷が〝癒《い》える〟ことにつながっている。

17

困難に直面したときは、こう考えてみる。

今ここから物語が始まる。

このことが起きたのも
何か深い意味があって
やってきたのかもしれない。

最高の未来を創造するうえで
ベストなプロセスである、と。

すべての涙は解放になり、
すべての問題は成長になり、
すべての失敗は経験になり、
すべての悩みは扉になり、
すべての苦難は思い出になり、
すべての終わりは始まりになる。

18

19

人生はプールと同じ。
降伏《こうふく》して力を抜けば、
幸福は浮かび上がってきます。

占いや宗教よりも
信じるべきなのは、
あなた自身の力です。

奇跡を待つのではなく、
あなたの覚悟と行動が
奇跡を起こしていくのです。

20

21

あなたに合わないことをやめる勇気を持つと、
あなたに合うものが見つかります。

あなたが本物じゃない人から離れると、
あなたの人生に本物の人がやってきます。

22

何かがうまくいかないとき、
空回りしているときは、
少しゆるめて
今この瞬間に意識を向けて
全体の流れを感じてみる。
大切なのは、
過去でもなく未来でもない。

ひと呼吸ひと呼吸の
今この瞬間。

自分の弱さがわからなければ、
自分の強さにも気づけない。

23

24

何かを失ったとき、
物事がうまく進まないときは、
必要な充電期間です。

他人の魅力を引き出す人ほど、
輝く魅力を持っている。
他人を笑顔にできる人ほど、
素敵な笑顔を持っている。

他人の可能性を見つける人ほど、
大きな可能性を持っている。
他人を幸せにできる人ほど、
幸せな未来が待っている。

25

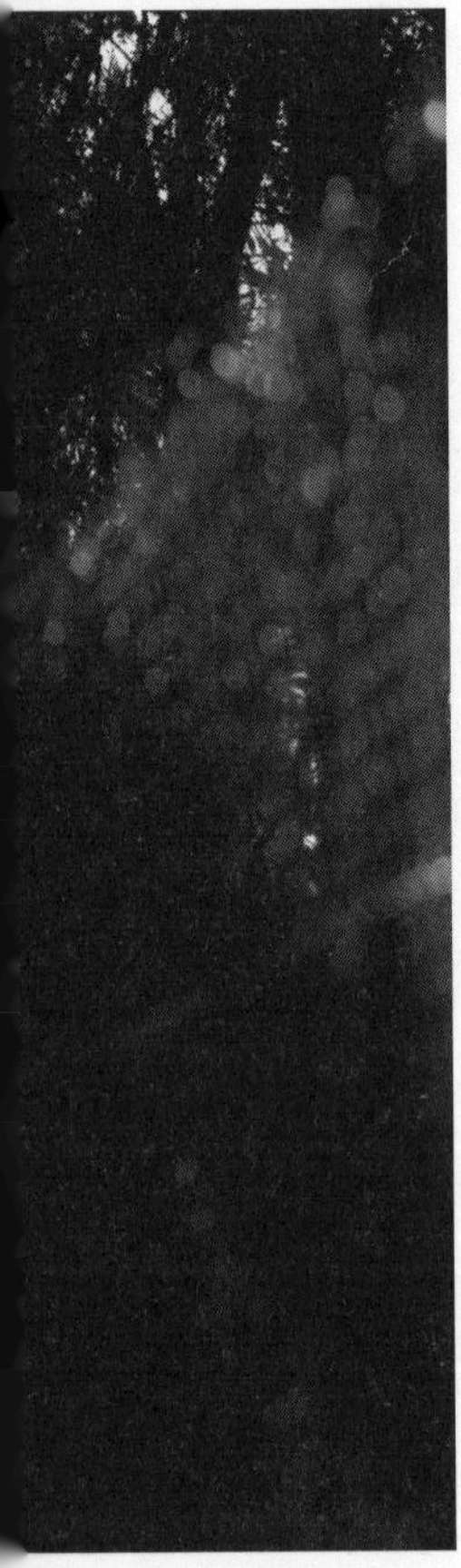

後悔にさいなまれた日

生きていると、受け入れられないような出来事、後悔したくなるような出来事が起こる。今まで我慢してきたことが実を結ばなかったりすると、後悔が生まれる。そして、自分を責め、変えることができない過去を変えようとする思いが、後悔で味わう苦しみである。

でも、**後悔は用法と用量さえ守れば、良薬になる。**

たとえば、あなたが転職をしたとする。このとき、初めて前の職場の上司や仲間に恵まれていたことに気がつくかもしれない。そのことに気がつくことができたのは、前の職場を辞めて今までとは違う世界に一歩踏み出したからだ。

つまり、後悔とは新しい世界に航海した証《あかし》であり、気づきの宝庫だとわかる。

何かを得たぶん、何かを失うこの不条理な世界で、人は後悔をするから、自分にとって本当に大切なものがわかる。

何も失ったことのない人間に、大切なものはわからないのだ。そうやって後悔と成長を繰り返していくうちに、あなたの内面は熟成され、深みのある人間になっていく。

現状に甘んじ、自分を諦めて生きていても、いつか必ず後悔することになってしまう。やった後悔は小さくなるが、やらなかった後悔は次第に大きくなるから、迷ったときは、思い切ってやってみたほうがいい。**やらずに後悔するよりも、航海したほうが、私たちの人生に彩りと豊かさをもたらしてくれる**だろう。

そう考えると、後悔したり、悩むという経験は、未来の自分や誰かへのギフトになっているのかもしれない。夏の終わりを告げる風の音には、すでに秋の気配が漂《ただよ》っているように、私たちが後悔し、悩んでいるときには、すでに未来の自分や誰かへの贈り物になっていく気配が内在している。

思考にだまされるな。
なるようになるから
放っておきなさい。

26

「できない」苦しみがなかったら、
「できた」喜びは生まれない。

27

28

今この瞬間のあなたは
もう二度と戻ってこない。
たった1回きりのワタシであり、
たった1回きりのアナタだ。

このことが腑《ふ》に落ちるとき、
リスクを冒《おか》す勇気が出てくる。
自分を超えた力があふれてくる。

29

過ぎ去ってしまった記憶、
含みを持たせるだけで言えなかった気持ち、
結局、果たされないまま死んでいく約束は、
世界でどれくらいあるのだろう…。
こうありたかった理想と、
こうなってしまった現実との狭間《はざま》で、
私たちは生きている。

30

失ったんじゃなくて、最初から私は手に入れてなかったんだ。
離れたんじゃなくて、最初から私のものなんてなかったんだ。
そこにあるのは、
悲しみではなく、不思議な安堵感《あんどかん》だった。

31

過去は悔やんでも変えられない。
未来を思い悩んでも仕方がない。
あるのは「今ここ」だけ。

すでに起きた出来事は変えられません。
あなたの過去は
編集も削除もできません。

ただ、
それを受け入れて
つらい思いのぶんだけ成長できたとき、
その忘れたかった過去は
美しい想い出に変わるのです。

32

33

失うことを恐れていると、
新しいものはやってこないし、
失敗を避けていたら、
望むものを得ることはできない。

古いものを手放す覚悟ができたとき、
新しいものがやってくる。
損をする覚悟が持てたとき、
望む現実が近づいてくる。

もう悲しむ必要はありません。
あなたが失ったものは、
いつか形を変えて
あなたのもとに戻ってくるのですから。

34

35

言葉にならない思いだけが
言葉にする価値がある。
思考と思考の間にある何かだけが
私を癒すことができる。

悲しみを感じているのなら、
あなたは過去を生きている。

不安を感じているのなら、
あなたは未来を生きている。

静かな喜びを感じているのなら、
あなたは今を生きている。

36

過去を嘆く必要はない。
だって、
過去はもう過ぎ去ったから。
未来を心配する必要はない。
だって、
未来はまだ来ていないから。

あなたはこれまでもこれからも
今を生きている。
そして、
今があなたを生きている。

その別れがあったから
出逢えた人がいました。

その苦労があったから
見つけた道がありました。

その挫折《ざせつ》があったから
つかんだ体験がありました。

37

すべてはあなたが創造しました。
「今この瞬間」のために。

明日はがんばろうって心に決めた日

人は新しいことを始めるとき、不安や恐れがわいてくる。だから、「できるだけ準備ができてから始める」ことで不安や恐れを解消しようとする。

ある人は、立ち止まり、多くの情報を仕入れる。なんとか「予測できる未来という安定剤」を手にするまで考えるが、立ち止まって考えてばかりいるから何も始まらない。

ある人は「恐れを手放してから」新しいことに挑戦しようとするが、恐れを手放そうとがんばると、かえって、恐れに焦点があたり、恐れの渦に巻き込まれていく。

笑ってはいけない場面で笑いを我慢すると、余計に笑いたくなるように、感情を抑えようとすればするほど、その感情は潜在意識の中で増幅される。逆に、開き直って、新しいことに挑戦してみると、恐れを恐れなくなり、最終的にどうでもよくなっていく。

未知なるものは怖いが、先は見えなくても、勇気を持って一歩踏み出していくと、そこに道ができる。**〝未知〟は、〝道〟であり、〝満ち〟に通じている**のだ。

もちろん、新しいことに挑戦するなかで好ましくないこともやってくる。そんなときに、どう捉えるかで、その後の展開は変わってくる。晴れの日もあれば、雨の日もあるように、うまくいくときとうまくいかないときは交互にやってくる。だから、過剰に不安がるのではなく、雨が降ったら、傘をさせばいいだけなのである。

もし、うまくいかず苦しくなったとしても、雲と雲の隙間から見える青空のような希望を持てばいい。いつやむかわからないとしても、やまない雨はないのだから。

これまでの人生がどのようなものであっても、これからの人生には何の影響もないのだ。

38

変化の「兆《きざ》し」。
逃げるか、挑《いど》むか。

得ではなく、
徳を選ぶとき、
損は尊になる。

大切なのは、
あれもこれも欲しがることではなく、
本当に欲しいものがわかること。

「うまくやる」よりも、
「熱くやる」こと。

「何をするか」よりも、
「どんな自分でそれをするか」が鍵。

39

やなせたかしさんが
アンパンマンでブレイクしたのが50歳。

ケンタッキーフライドチキンの
カーネル・サンダースが起業したのが65歳。

三浦雄一郎さんが
歴代最高齢でエベレストに登頂したのが80歳。

川瀬みどりさんが
標高3000メートルの南極点に到着したのが90歳。

夢を諦めるのを
年齢のせいにはできない。

40

41

やる人は「時間」をつくり、
やらない人は「理屈」をつくる。

42

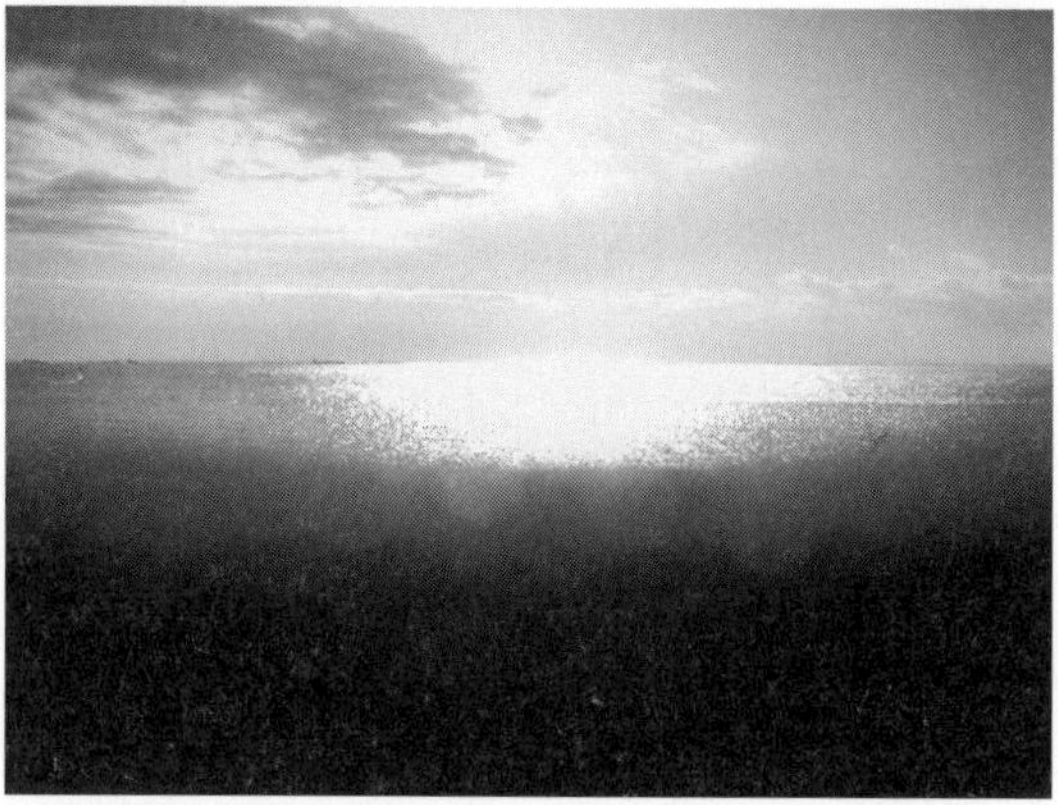

あなたを最大限に輝かせるのは、
最低の自分と向き合う覚悟と
最高の自分を生きる勇気です。

43

怖いときこそ、
大きなチャンスが待っているから、
震えながらでも
一歩前に踏み出してみる。

迷ったときは、

「どちらが楽か」ではなく、
「どちらが楽しいか」で決めること。

「どちらが正しいか」ではなく、
「どちらが温かいか」で決めること。

「どちらが得か」ではなく、
「どちらが徳か」で決めること。

「どちらが失敗しないか」ではなく、
「どちらが後悔しないか」で決めること。

44

45

人生というのは、
あなたが今までしてこなかった決断をしたときに
好転するものなのです。

46

人生というのは、
どこに向かうのかよりも、
誰と一緒に歩むのかが重要です。

そして、
何をするのかよりも、
どんなあなた(あり方)で
それをするのかが、
もっとも大切なことなのです。

47

今、あなたにもっとも必要なものは、
才能でも、道でもなく、
努力でもない。

じゃあ、何が必要なのか——。
それは、「覚悟」。

子どもの頃の想い出、
楽しかった頃の想い出、
恋人にギュッとされた想い出。

過ぎ去った想い出は、
時々は訪れるにはいい所です。

しかし、そこに長居してはいけません。
あなたには、次に行く所があるからです。

48

大変なときは、大きく変わるとき。
大変な時間に学んだ教訓は、
いつもあなたを強くしてくれる。
覚悟を決めてした行動は、
あなたの人生を大きく変える。
もし今の景色が良くないのなら、
あなた自身が動いてみよう。

49

幸運がやってくるのを待つよりも、
腹をくくって自ら動けば、
明日は違う景色になれるのです。

あなたが自分に嘘をついてまで
我慢して続けなければならないものなど
この世には何ひとつない。

50

将来の心配をしている間に
残された人生の時間が少なくなっていく。
だからこそ、今日1日に大きな価値があり、
すべての瞬間が
それぞれの贈り物を持っている。

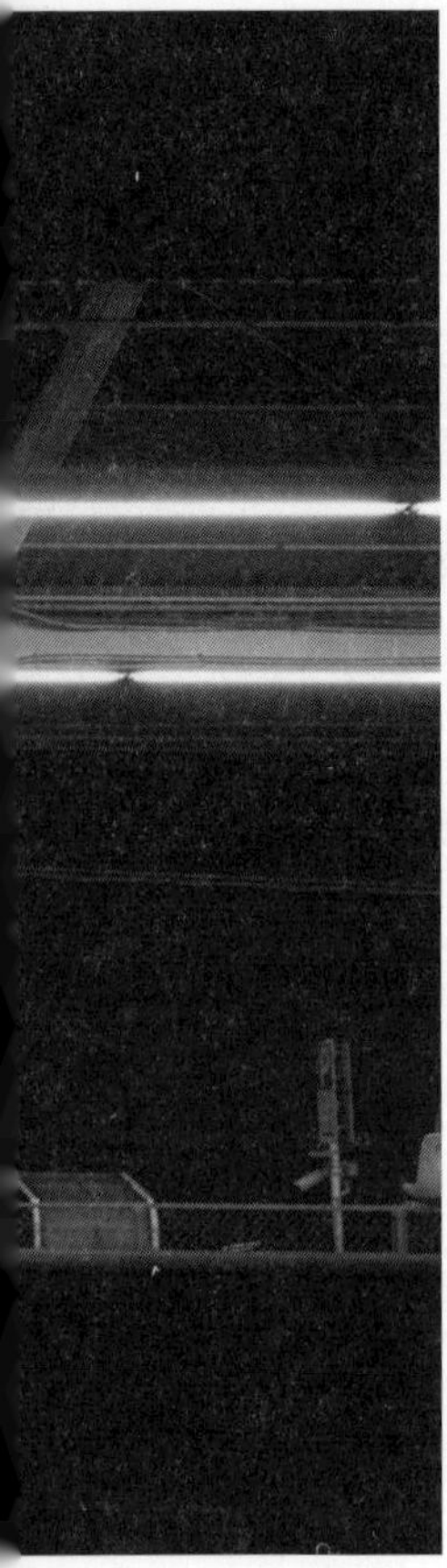

どうしようもない悲しみに襲われた日

幼少期に親から愛されていないと感じた子どもは、愛されるために理想の自分を演じようとしはじめる。

たとえば、「明るく、しっかりした良い子」でいれば、親が満足することを学んだ人は、大人になってからも、他人に対して同じように振る舞う。でも、「明るい自分」を演じようとするのは、実際の自分（潜在意識）は「明るくしっかりしていない」ということを意味している。

親を満たすために理想の自分を演じてきた子どもは、自分の本音を隠していかざるを得ない切なさがある。本来、子どもというのは、わがままな欲求を親にぶつけることによって、自分が守られ、無条件に愛されていることを確認するものだからだ。

しかし、親を満足させるために、しっかり者を演じてきた子は、こうした安心感を味わったことがない。演じれば演じるほど、潜在意識は暗くなり、時々どうしようもない悲しみに襲われてしまうのだ。

悲しいと言いたくても言えないこんな世の中で、大人の責任という見えない十字架を背負わされた私たちは、人に好かれようとすればするほど、相手との間に心の壁をつくってしまう。だから、**せめて孤独な夜は、演じるのをやめて、寂しさや悲しみを許そう。**

自分を取り戻す秘訣《ひけつ》は、誰かの期待に応えようとするのをやめること。「今から演じるのはやめよう」と決意するのである。コツは「演じるのはやめなければいけない」「手放さなければいけない」という思いも、一緒に手放すこと。無意識に昔の癖が出てきても、自分を責めずに、「また出てきたな」と、自分に対して寛大な心で見守ってあげれば、次第に自分が整っていくのだ。

寒いときほど
温かさを感じやすいように、
寂しいときほど
人は温かさを感じやすい。

夜の闇が深いときほど
光を見つけやすいように、
苦しいときほど
人は光を見つけやすい。

51

52

幸せを探すほど、幸せは見つからない。
探さなくなったとき、ありのままの幸せが現れる。

53

この世には、
あなたを傷つけるだけの痛みと
あなたを変えてくれる痛みがあります。
あなたを不自由にする愛情と
あなたを自由にする愛情があります。

泣くことさえできないときに、
思う存分あなたを泣かせてくれる人を
大切にしましょう。

その涙は過去の浄化です。

笑うことさえできないときに、
それでもあなたを笑わせてくれる人に
感謝しましょう。

その笑いはあなたの未来なのです。

54

自分らしさを忘れたときから
喜びは失われていく。
切なさを忘れたときから
魅力は失われていく。
静寂を忘れたときから
美しさは失われていく。

55

56

雨は、
雲がその重さに耐えきれなくなって降るように、
涙は、
心がその悲しみに耐えきれなくなって流れます。
涙は悲しみを癒し、ストレスを緩和《かんわ》し、
あなたの目の奥をきれいにしてくれます。

57

雨が
空の匂いを運んできてくれるように、
ネガティブな感情が
きみの本音の居場所を教えてくれる。

散りゆく桜が
風の通り道を教えてくれるように、
別れやまわり道をたくさん経験してきたからこそ、
本当に大事なものがわかる。

近すぎて見えなかった今の中に、
私の求めているすべてがあった。

58

樹木が上に伸びる前に下に伸びるように、
こぼれ落ちる涙は、大地に根を生やす。
ネガティブな時期は、
地上に芽を出すために地下に根を張る、
根がアクティブな時期。

59

あなたが不安なのは
未来ではありません。
それは、
あなたに不安を与えている
過去の記憶（傷）なのです。

60

誰もが
どこかに嫌いな自分、
見せたくない自分を持っていて、
他人はそんな自分を映し出している。
きみはどこかで嫌いな自分を認めたがっているし、
嫌われた自分もきみに認められたがっている。

あなたを救ってくれる人は、
恋人でもなければ、
親友や家族でもありません。

それは今、一生懸命に生きているあなた自身です。

豊かな現実が自分を幸せにするのではありません。

幸せな自分のまわりに、
豊かな現実がつくられていくのです。

61

本当の意味で「器の大きい人」とは
「ゆるすことができる人」ではなく、
「忘れることができる人」です。

62

本当の意味で「やさしい人」とは
「やさしいことしか言わない人」ではなく、
「善い悪いのジャッジがない人」です。

本当に「強い人」とは
「弱さを克服する人」ではなく、
「弱さが気にならない人」なのです。

63

試練や大変なことは、
あなたを裁くために起きるのではなく、
新しい自分を発見するために起きます。

何が起きても、自分を信頼していれば、
ちゃんと生きていけることを
忘れないでください。

今まで曖昧《あいまい》な態度で我慢し、
妥協《だきょう》しつづけてきたものから
手を引くことによって、
この先、本命となるものに、
あなたの全エネルギー、
情熱を注ぎ込めるようになるのです。

人に傷つき、人を傷つけてしまった日

40

人に傷つけられたと感じたとき、私たちは被害者意識を持ってしまうことがある。被害者意識というのは、「私はあなたのせいでこんなにつらい思いをしているんだから、私のことわかってよ、大切にしてよ」という自己主張である。

もし、「被害者意識をやめたい」と思ってもやめられないとしたら、「相手にそれを要求するために被害者でいたい」という依存心が必ず隠れている。だから、被害者意識をやめるには勇気がいる。なぜなら「私のことをわかって。大切にして」という〝依存〟をやめることだから。

愛されなかったという経験から、人は被害者になる。愛されなかった自分自身への失望を救うために、執拗《しつよう》に相手を責めて支配する人もいれば、お金や出世にこだわる人もいる。被害者を演じて、相手に罪の意識を抱かせようとする人もいる。

私のことわかってよ……だって私は被害者なんだから。私を大切にしてよ……だって私は被害者なんだから。そうやって被害者でいることで何らかの利益を得ている間は、決してその外には出られない。

相手を悪者にして過去の痛みにしがみつくことは、制限の中で一生みじめな人生を送ると決めているようなもの。

この罠《わな》から抜け出す唯一の方法は、被害者意識を捨てて、人生で起こる出来事に責任を持つこと。つまり、それは「自分軸で生きる」ことであり、「他人に振り回されないこと。拗《す》ねて、誰かを責めたり、自分の正しさを証明しなくてもいい、と決めること。

すると、その過去の古傷は、相手に傷つけられたのではなく、自分で自分の心をただ傷つけているだけだった、と知る。相手は悪者でも何でもないってことも見えてくる。

64

他人に期待すれば不満になり、
自分を信頼すれば自信になる。

素直な褒め言葉に
「裏がある」と思い込む。
「いいね」がつかないと
「嫌われた」と思い込む。
不機嫌な人がいると
「自分のせいだ」と思い込む。

そう思っているのは、
誰でもない自分自身。
相手に見える悪魔は、
自分自身の影にすぎない。

65

人間関係とは、
他人を通して、
自分自身との付き合い方を学ぶ機会。

66

67

相手の言葉が厳しく感じるのは、
それだけあなたが甘いから。
相手に裏切られたように感じるのは、
それだけあなたが依存しているから。
相手に不満が多いのは、
それだけあなたが感謝を忘れているから。

人生は思いどおりにならない。
だから、
あなたは成長する。

人は
幸運の波が押し寄せてきているときほど、
妬《ねた》まれたり、批判されることが増える。

でも

批判されるということは、
批判したくなるほど
今のきみが幸せであり、
今の相手が不幸であることを
忘れてはいけない。

68

69

他人の夢を生きるほど、
人生は長くありません。

他人があなたのことを
どう言っているのか、
どう思っているのかを
気にしている時間はないのです。

怒りだと思った感情をよく見ると、
それは仮面をかぶった寂しさだった。
嫉妬だと思った感情をよく見ると、
それは化粧をした寂しさだった。
きみが悪いのではない。

70

きみの中の何かが
相手の心の傷に触れただけ。
相手が悪いわけでもない。
相手の中の何かが
きみの心の傷に触れただけ。

71

自分を押し殺してまで
無理して続ける価値のある関係など
ありません。
人生はあまりにも短いのです。

すべてを持っている人を望むより、
あなたと過ごす時間を
大切にしてくれる人を望みましょう。

やさしい相手を求めるよりも、
やさしい自分でいられる相手を
望んでください。

72

関係がうまくいっているときに
手を握る人はたくさんいます。

73

しかし、

たくさんのすれ違いがあっても、
それでもなお、
手を離さない人が、
あなたにとって運命の人なのです。

74

私たちは
人を変えることはできないけど、
自分の中のその人への印象なら
変えることができる。

相手の中の
純粋な部分に光をあてて、

私の中の
その人を変えられるなら、
相手は少し純粋になっているのだ。

「悩み」はいずれ「思い出」に変わり、
「涙」はいずれ「経験」に変わる。

「キズ」はいずれ「キズキ」に変わり、
「出逢い」はいずれ「絆」に変わる。

「育児」はいずれ「育自」に変わり、
「苦労」はいずれ「感謝」に変わる。

「試練」はいずれ「宝物」に変わり、
「哀」はいずれ「愛」に帰る。

75

76

あなたの過去にこだわる人は、
あなたの今に必要のない人です。

あなたを傷つけたり、
あなたの素晴らしさに気づかない人の
そばにいつづける必要はありません。

ただ、どんな出逢いも、
人生を深めるきっかけになります。

最悪の人は、あなたに教訓をくれます。
最高の人は、あなたに幸せをくれます。

そして、最愛の人は、
あなたを無条件に愛してくれるのです。

あなたの欠点を正そうとする人と一緒にいるよりも、
あなたの欠点や弱さを知っていても、
それでも
「あなたが素晴らしい」と思ってくれる人と一緒にいるほうが、
自分の欠点や弱さが、
個性や魅力に変わってくるのです。

77

78

不幸な人は、
相手を操作して変えようとするが、
幸せな人は、
相手を変えようとせず自分の視点を変える。

もしも、私が間違っているときは
理性で私を正してくれるあなたの手が必要です。
もしも、私が感情的になって悩んでいるときは
感情を受け止めて導いてくれる
あなたの手が必要です。

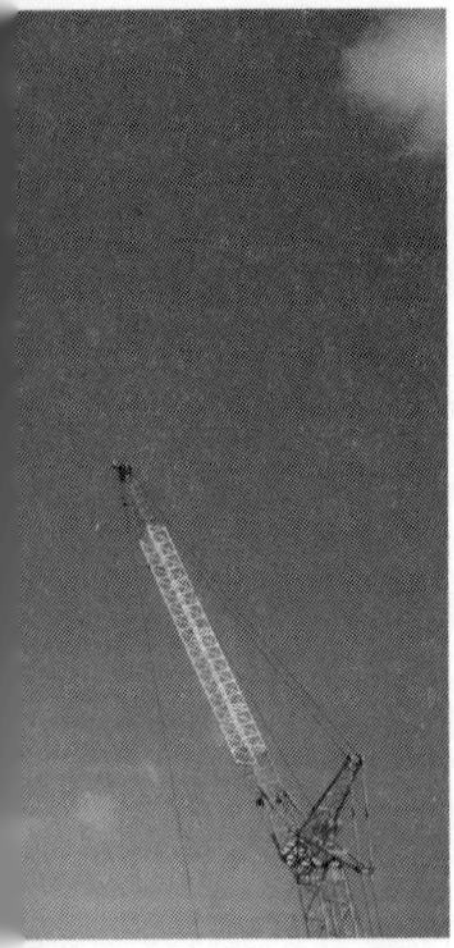

79

そして、
もしも私が死んだら、
私の目を閉じてくれるあなたの手が必要なのです。

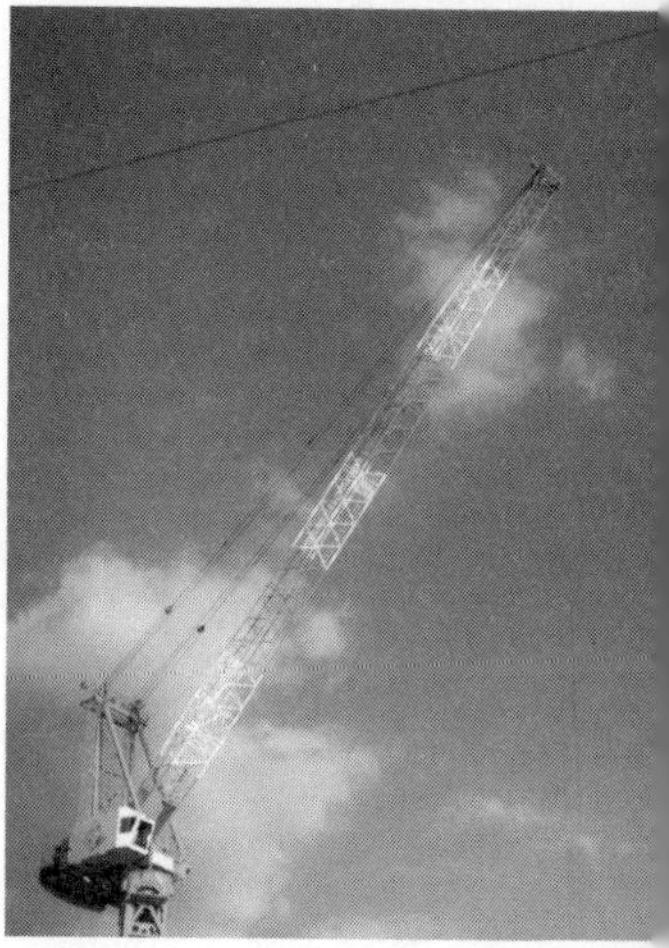

何でもない1日に退屈した日

KITCHEN

ただ漫然と毎日を過ごすのではなく、1日1日を大切にして生き、密度の濃い人生を生きる方法がある。

それは何か。

「余命3か月の命」と思って、覚悟して生きること。

私たちに訪れる確かな未来は、自分（肉体）がいつか死ぬということ。

もし、あなたが、3か月後に亡くなるとして、今の仕事は、それを続けるに値するか。

もし、あなたが、3か月後に亡くなるとして、今の毎日の過ごし方、時間の使い方は、あなたの命にふさわしいものか。やり残したことはないか、自分に問うてみる。

「死」と真剣に向き合うとき、私たちは初めて当たり前のように思えた毎日が、かけがえのない瞬間の連続だったことに気づく。もうなんとなく生きる自分はいない。

でも「余命30年の命」と言われると、私たちはその生き方を変えようとはしない。また「損や失敗を避ける」退屈した毎日になる。

家でゴロゴロしていても、毎瞬寿命に近づいている。新しいことに挑戦していても、毎瞬寿命に近づいている。どちらも命（時間）を削ってやっているから正解なのだけど、あなたの過ごしたかけがえのない今日は二度と戻ってこない。**宴《うたげ》は終わり、夢はいつか覚める。**

いずれみんな別れてゆく。誰かと出逢って、響き合って、別れて、嬉しくて、悲しんで、落ち込んで、涙を流して、再び立ち上がる。

私たちの生きた痕跡《こんせき》は、いつか忘れ去られるけど、確かにこの激動の時代に生き抜いたひとつの星であったことを、印として残していこう。

80

幸せはどこか遠くにあるのではなく、
当たり前の今の中に宿っている。

81

近すぎて見落としている何かがある。
もう二度と戻らない〝今この瞬間〟に
大切な人と一緒に過ごせる奇跡。
「あのお店おいしかったよね」という目的のない会話。
「『サスペリア』のリメイク…良かったよね」という他愛のない会話。
そんな当たり前を装《よそお》った奇跡は過去の軌跡となって
いつの日か私たちは、二度と会えなくなる。

82

楽な日々は過ぎ去る、
充実した日々は積み重なる。

あなたの人生を豊かにするのは、
多くの知識ではなく、
小さな勇気であること。

正しさではなく、
好奇心であること。

たくさん築くことではなく、
たくさん気づくこと。

83

84

大切なことは、
どれだけ長く一緒にいたか、よりも
どれだけ気持ちを込めたか。

どれだけつらかったか、よりも
どれだけそこから教訓を得たか。

どれだけ愛してくれたか、よりも
どれだけ深く愛したか。

どれだけ真実を語ったか、よりも、
どれだけ真実を生きたか…、です。

85

幸せな人が
豊かなものを
持っているわけではありません。

今持っているものを
豊かに感じられる人が
幸せな人なのです。

あなたの毎日は、
相変わらずの毎日か、
愛変わらずの毎日か。

86

愛する人と会える数に限りがあるとしたら、
あなたは、
どんな想いを込めてその人と過ごしますか？

言葉にできる数に限りがあるとしたら、
あなたは、
どんな言葉を自分に語らせますか？

見られる風景の数に限りがあるとしたら、
あなたは、
どんな世界を自分に見せますか？

87

与えられた時間に限りがあるとしたら、
あなたは、
どんなことに残された時間（命）を使いますか？

身体が自由に動くことを
「当たり前」だと思わないこと。
毎日ご飯が食べられることを
「当たり前」だと思わないこと。
家族が健康に生きていることを
「当たり前」だと思わないこと。
働いて給料をもらえることを
「当たり前」だと思わないこと。
空気が無料で吸えることを
「当たり前」だと思わないこと。

88

あなたと一緒にいてくれる人のことを
「当たり前」だと思わないこと。

幸せはどこか遠くにあるのではなく、
当たり前の今の中に宿っています。

89

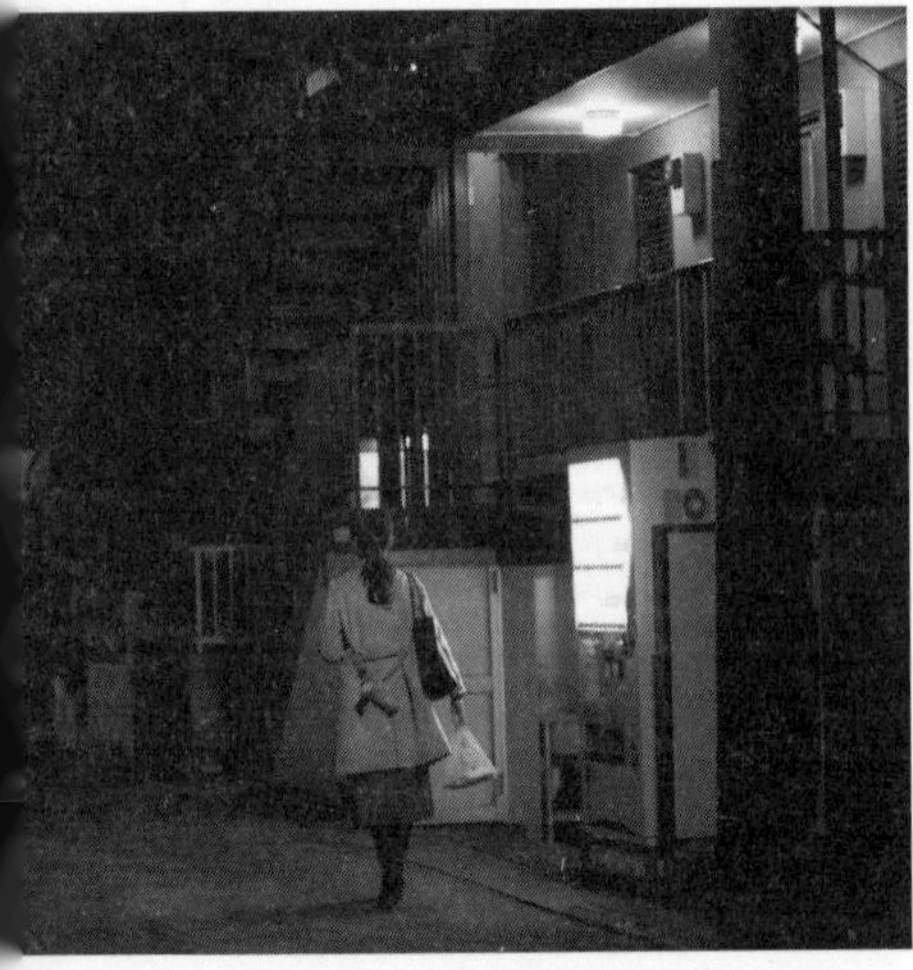

生きるとは表現することであり、
表現するとは行動すること。
行動しなければ傷つくことはないけれど、
同時に満たされる喜びもない。

転ばなかった1日は、
何も挑戦しなかった1日であり、
どれだけ新しい挑戦ができたかで、
毎日の充実度は変わってくる。

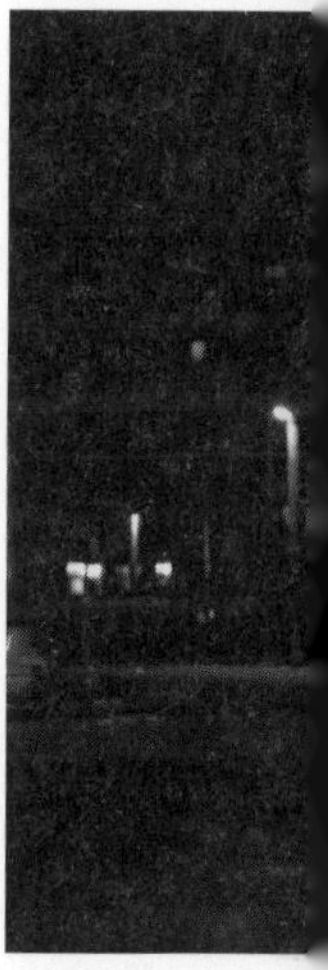

90

豊かさを得る方法は、
きみの求める豊かさを与えること。

幸せを手に入れる方法は、
きみの望む幸せを与えること。

私たちはどうしても、
自分、自分、自分になって
自分を守ろうとしがちだけど、
その「自分」が世界を狭くし、
苦悩の原因をつくっている。

皮肉なことに、
人は何かに没頭しているとき、
心を開いて人に与えるとき、
「自分（自我）」の枠が外れる。

ずっと握りしめてきた執着の手を開き、
欲しいものを与えるとき、
我々は人と人とを隔《へだ》てている自我の壁を壊していく。

何も恐れていないときが、
いちばん幸せかもしれない。

何も求めていないときが、
いちばん豊かかもしれない。

何も決めつけていないときが、
いちばん直感的かもしれない。

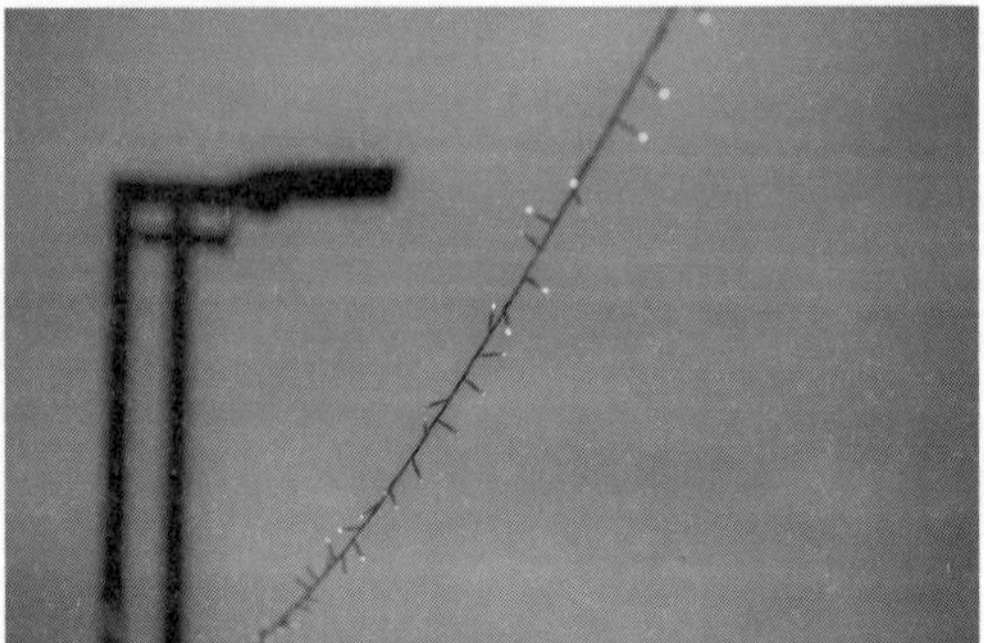

何も期待していないときが、
いちばん強いかもしれない。

何も語っていないときが、
いちばん多くを語っているかもしれない。

91

92

人生を好転（反転）させる5つの鍵

1、誰か（過去）のせいをやめている。
2、今までと反対に舵《かじ》をきってみる。
3、やりたくないことをやめて、やりたいことをやってみる。
4、ないと感じるときほど、あるもの（今）を感じてみる。
5、「本当は、問題は何もない」と気づくこと。

93

運気が上昇するときの予兆

・靴や鞄《かばん》を買いたくなる。
・ゾロ目をよく見かける。
・物を整理したくなる。
・人に誘われる機会が増える。
・ワクワクすると同時に恐怖も感じる。
・タイミングが良くなり、物事がスムーズに進む。

愛することに臆病《おくびょう》になった日

人は誰かを好きになると、何気ない相手の言葉の端々に共通点を見つけ、「(この人が)運命の人かもしれない」と思う。そして、いつの間にか恋に落ちていく。

恋に落ちた瞬間に世界は薔薇《ばら》色になるのと同じくらいの速度で、別れもまた世界を灰色に一変させてしまう。

本当の別れというのは、好きな人とサヨナラした瞬間ではなく、別れたあとにやってくるものなのだと思う。

翌朝目が覚めて、「もう会えないんだ」と実感したとき、ふたりでよく行ったお店の前を通ったとき、映画の予告編を見ながら、手をつなぐ感触を思い出したとき、別れた実感は、そんなときに静かに訪れる。

20代の頃、私は恋に臆病になった時期がある。「面倒」と言いながら、また傷つくことが怖かったのだ。

でも、あるとき、それは傷つく前に「自分の記憶」に傷ついている、のだと気がついた。私は、**過去の心の傷を通して、まだ起きてもいない未来に傷ついていた**のだ。

私の恋愛映画はまだ終わっていなかった。クライマックスは、相手を失って、ぽっかりとあいた心の穴をどのように埋めていくか、いかに哀を愛に昇華できるかだったのだ。

やり直しのきかない別れを悲劇と解釈すると、それは本当に悲劇になるが、それらの裏にある感謝や祝福を受け取れば、傷は気づきになり、哀は愛に昇華される。

失わなければならなかったのは、これからもっと必要な、特別な何かに出会うから。それと出会ったとき、これまでのすべてが起こるべくして起きたのだと知る。

もし人生が夢だったとしても、傷つくことを恐れて、何もせずに無難に生きるよりも、夢だからこそ、傷つくことを恐れず、本気で自分を生きたほうがいい。

94

私はあなたを、
束縛《そくばく》せずに愛したい。
批判せずに賞賛したい。
ジャッジせずに受け入れたい。
責めることなくゆるしたい。
変えようとせずに認めたい。
見下すことなく寄り添いたい。

ひとりでいる自分を
尊重したい。

あなたと一緒にいる自分を
好きになりたい。

あなたも同じようにしてくれたら、
ふたりは本当に出逢い、
お互いを自由にできるだろう。

95

相手と両想いになることが
愛の成就《じょうじゅ》なのではなく、
自分と両想いになることが
愛の成就なのです。

星空を見上げたときに思い出す人が
きっと大事な人。
美しいものを見たときに
あの人にも見せてあげたいって思う人が
きっと大事な人。

だから
きっと今でも大事な人なのだろう。

96

97

愛し合うふたりが長続きするのは、
同じような性格をしているからではありません。
お互いが、
ふたりの違いをよく理解しているからなのです。

98

運命の出逢いとは
素敵な恋人を見つける
ことではありません。

運命の出逢いとは
お互い
素敵な恋人になることです。

今「ある」ことに気づかず、
「ない」と思い込んでいる人は、
田舎で暮らすと都会が恋しくなり、
都会で暮らすと田舎が恋しくなる。

独身だと「結婚したい」と言い、
結婚すると「自由が欲しい」と言う。

自分に都合のいい人は
「やさしい人」と思い、
自分に都合が悪くなると
「嫌な人」と思う。

水の中に住む魚は、
「水」の姿が見えないように、
愛の中に住む人間は、
「愛」のありがたみを見失いやすい。

でも、
忘れないでほしい。
大事な人と過ごす時間を…。
それは永遠には続かないのだ。

明日が来るかわからないから、
やりたいことはやれるうちにやっておく。
明日も会えるかわからないから、
好きな人に好きだよと伝えにいく。

99

100

あなたを傷つける人と一緒になり、
涙することがあるかもしれない。
ただ、その涙が、
あなたを癒す人を見つける最大のきっかけにもなる。
あなたが昔に失くした心のかけらを拾って
あなたのもとに届けてくれる人と出逢うとき、
なぜ他の人ではうまくいかなかったのかを
あなたはようやく理解するのだ。

101

あなたの長所だけを見て近づいてきた人は、
欠点や価値観の違いが見えてきたとき、
離れていきます。

あなたの弱さや欠点を知ったうえで愛してくれる人は、
あなたにとって特別な人なのです。

102

理想的な関係というのは、
外から偶然やってくるものではありません。

価値観の違いを認め合い、
適度な距離感と
誠実さを必要とし、
そのうえで
お互いが一緒にいたいと
心から願わなければ
実現しないのです。

103

本当のパートナーは、
あなたをあなたとは別の誰かに変えようとすることなく、
そのままのあなたを素敵にしてくれる人なのです。

104

大切な人と過ごす時間を大事にしてください。
その人が想い出になってしまう前に。
身体が自由に動くうちに
やりたかったことに挑戦してください。
いつか人生という夢から覚める前に——。

たったひとりでたくさんの女性を愛する男性がいますが、
たったひとりの女性をたくさんの方法で愛する男性を大切にしてください。

そんな人が、
あなたに喜びと幸せをもたらすのです。

105

106

相手に愛されることを願う前に
自分を愛しましょう。

自分が持っていない何かを願う前に
今自分が持っている何かに感謝しましょう。

相手に完璧さを望む前に
ふたりの関係を完成させましょう。

恋人とサヨナラすることで恋は終わるのではなく、
自分の気持ちを整理し、
相手への未練とサヨナラできたとき、
初めて恋は終わる。

すべてを失くした孤独の裏側で、
愛する人とめぐり逢う未来が待っていることを、
魂のあなたは知っている。

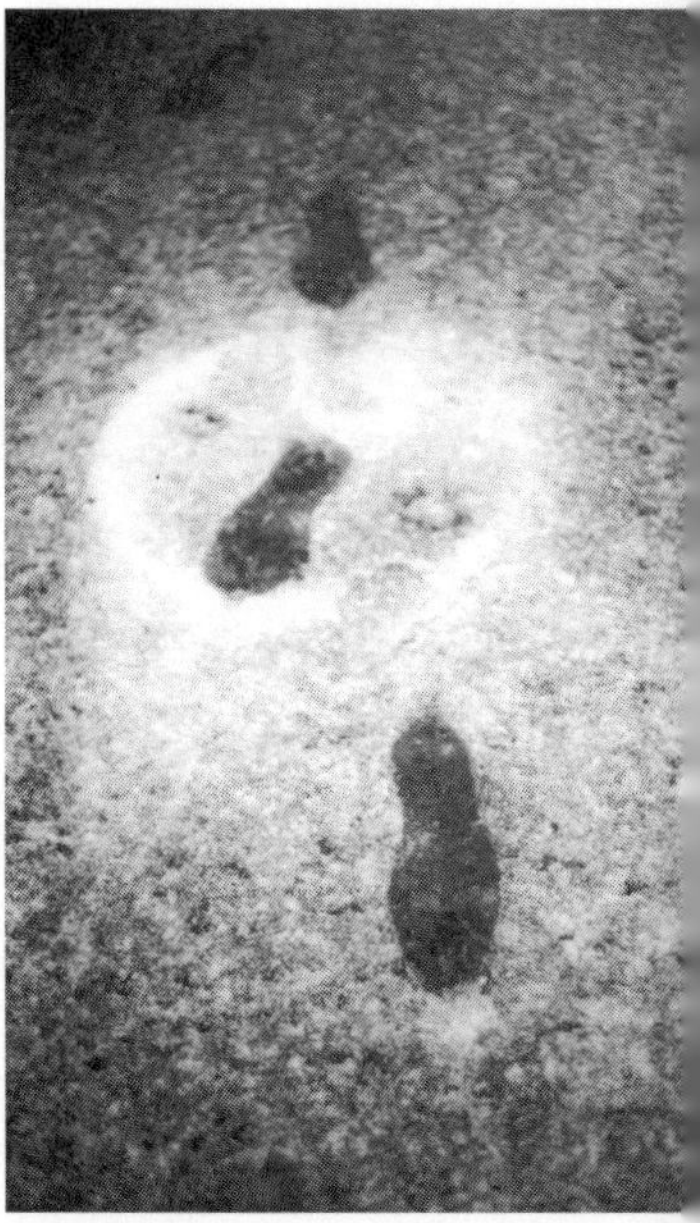

107

108

あなたを知っている人は、
たくさんいるかもしれない。
しかし、
あなたをわかってくれる人は、
めったにいないのです。
もしあなたがそんな人と出逢っていて、
いつも一緒にいたい人なら、
その人で正解なのです。

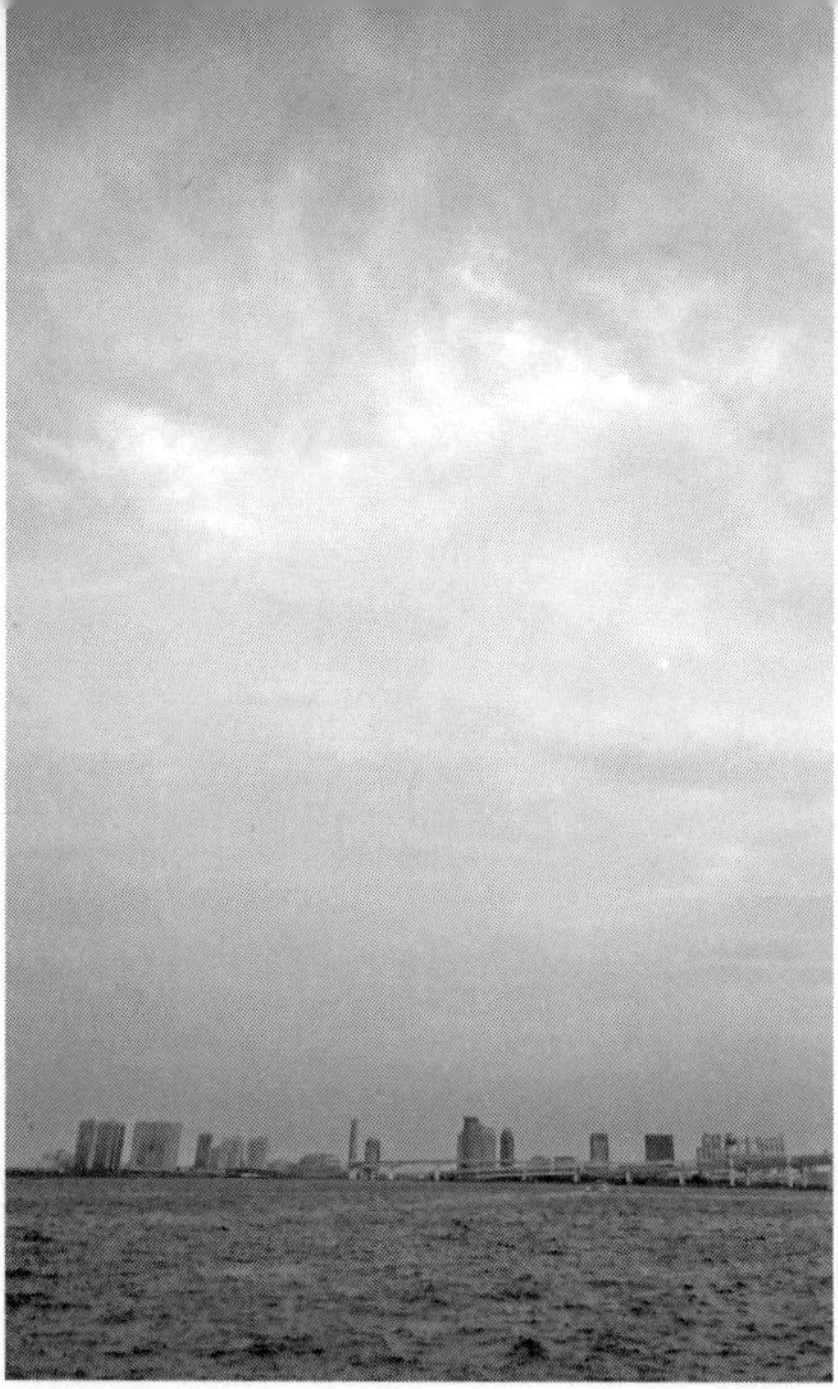

109

あなたが失ったものを思い出して涙しているときに、
あなたも誰かの失ったものになっているかもしれない。

恋が終わった日

以前、彼氏に浮気された女性から、相談を受けた。何度も別れようと試みたが、別れ話のたびに彼が折れてくるので、なかなか別れられない。嫉妬心を隠しながら関係を続けてきたそうだ。彼女にとって恋人は「唯一無二のかけがえのない存在」。いつしか彼女は「自分さえ我慢すればいい」と、自分に言い聞かせるようになった。自分の恋人を理想化し、周囲の声に耳を傾ける余裕もなかった。彼を失うことよりも、彼を受容していくことのほうが、そのときの彼女にとっては都合が良かったのだ。

しかし、怒りや恨みなどの本当の気持ちは完全に無視され、潜在意識の奥に隠されてしまった。その頃から彼女は過呼吸や不安障害に襲われるようになる。

本当の気持ちを折り曲げると、自分は必要のない存在だと潜在意識に命令していることになり、そこに行き場のない怒りが押し込められてしまう。そして、それはやがて、自分の心や身体に症状として返ってきてしまう。

彼女がその彼と別れ、再び健康を取り戻したのは、元彼への「憎しみの裏側にある愛情」を思い出したことがきっかけだった。彼女は恋人を失うまいと、自分の本当の気持ちを失っていたのだが、自己保身に走ったとき、相手に対する愛情もそこで失った。

怒りや憎しみに気づき、**潜在意識の声に気づくと、それまで憎しみの対象だった人（事）が、感謝の対象に変わり、止まっていた対象への愛を思い出す。**これまでの偏《かたよ》ったものの見方をやめて、現実への態度を改めるとき、たくさんの浄化と癒し、理解がやってきたのだ。それが彼からの卒業となり、彼女の人生は再び輝きはじめたのである。

人生で、あなたが
出逢う人には必ず意味があります。
出逢いで人生は広がり、
別れで人生は深まっていくのです。

110

111

人生で最初に好きになった人は、
恋が何であるかを教えてくれる。

人生で最後に好きになった人は、
愛が何であるのかを教えてくれる。

112

この人を好きになってはいけない
と思ったときが、好きの始まりで、
この人を傷つけてはいけない
と思ったときが、好きの終わり。

終わった恋を引きずって悲しみにくれる必要はありません。
あなたを探している人が、同じ空を見上げているからです。

好きな人を失った人は、
何も失っていない人よりも美しいのです。

113

大事な人と別れても
いずれ再会できます。
この宇宙はすべて
円(縁)で成り立っているからです。

我々は目の前の出来事だけを見て、
良いか、悪いか、
正しいか、間違いか、
幸か、不幸かを判断してしまいます。

114

でも、そのときはだめだと思っていても、
あとで考えてみると、
より大きな幸せにつながっていることがあるのです。

どれだけ好きだったとしても発展せず
お互いを傷つけてしまう恋がある。
あなたにとっての最期の愛情は、
愛する人を手放すこと。

115

「さよなら」の言葉に、
「好き」と
「ありがとう」をしたためて。

目の前の扉が閉ざされるとき、
必ず別の扉が開かれます。

何かを失わなければならなかったのは、
あなたがこれからもっと必要な何か、
特別な何かに出会うから。

そして、
その何かと出会ったとき、
これまでのすべてが
起こるべくして起きたのだと知るのです。

116

117

たった3パーセントの嫌なことのために、
残り97パーセントの幸せを忘れてはいけない。

不足を埋めることに夢中になるあまり、
今あるものを見失ってはいけない。

嫌なことを思い返して相手を恨むより、
今ある幸せを思い出して感謝しよう。

悲しみや不足感ではなく、
喜びや感謝とともに1日を終えれば、
明日は喜びと感謝にあふれた新しい1日になる。

しみずたいき

1975年生まれ。心理カウンセラー。作家。
2004年まで音楽活動に専念をしていたが、そのかたわらで心理学・精神世界と出会い、学びはじめる。2006年に個人カウンセリングを開始すると同時に、「今の世の中を変えていきたい」と、mixiのコミュニティの管理人として詩やメッセージを書きはじめたところ、あっという間に40万人のコミュニティになる。これまで、のべ5000人以上に個人セッションやカウンセリングを行い、人気カウンセラーとなる。生死をさまようほどの体調不良、パニック障害や予期不安といった経験を克服したからこそ、より悩める人の心に寄り添えるメッセージを発信し続け、多くの人から支持を得ている。著書に『行き抜いて、息抜いて、生き抜いて。』(大和書房)、『「本当の自分」に目覚める本』(河出書房新社)がある。

しみずたいきオフィシャルブログ：https://ameblo.jp/taiki-ism/

明日《あした》いいことが必《かなら》ず起《お》こる
孤独《こどく》の夜《よる》に寄《よ》り添《そ》う117の言葉《ことば》

2019年3月31日　第1刷発行

著　者　しみずたいき

発行者　佐藤 靖

発行所　大和《だいわ》書房
東京都文京区関口1-33-4
電話03(3203)4511

アートディレクション　宮崎謙司(lil.inc)
デザイン　髙橋正志　菅原希　増田典史(lil.inc)
写真　瀬谷忠宏(meganecco photography)　宮崎謙司

本文印刷　信毎書籍印刷
製本　ナショナル製本

ISBN978-4-479-77217-0
乱丁本・落丁本はお取り替えいたします
http://www.daiwashobo.co.jp